Pass doch auf!

Guten Appetit!

Zuhören oder stören?

Rülpsen nur Rüpel?

Mein kinderleichtes Benimm-Buch

SPIELEN & LERNEN

Velber Verlag

Freiburg im Breisgau

Konzept und Text: Astrid Hille & Dina Schäfer
Illustrationen: Barbara Stachuletz
Layout: Anja Schmidt
Repro: Meyle+Müller, Pforzheim
Druck und Bindung: Proost, Belgien
ISBN 978-3-86613-596-3

www.velber.de

velber

SPIELEN & LERNEN

Rülpsen nur Rüpel?

Mein kinderleichtes Benimm-Buch

Astrid Hille und Dina Schäfer
Barbara Stachuletz

Käpt'n Kaotikus räumt auf

Die rote Morgensonne strahlt auf das Piratenschiff. Kapitän Kaotikus und sein Steuermann Schluribur schnarchen in ihren Hängematten auf dem Vorderdeck. Der Papagei hält Ausschau im Mastkorb. Er freut sich: Heute kommt der Schiffskater endlich vom Landurlaub zurück. Der Kapitän dreht sich um. „Wo bleibt der Morgenkaffee?", murmelt er.

Schlaftrunken fällt Schluribur aus seiner Hängematte. Zum Glück fällt er weich. An Deck liegt nämlich noch ein Stapel kostbarer Teppiche, den die Chaospiraten kürzlich erbeutet haben. Schluribur schiebt zwei Kisten und eine Tüte voll Dreckwäsche zur Seite, um zur Kombüse zu gelangen.

Hm. Wo ist nur die Kaffeetasse von Kaotikus? Schluribur durchsucht den Berg aus schmutzigem Geschirr. Er findet eine saubere Suppenschüssel. Geht doch auch, denkt er und füllt sie voll Kaffee.

Schwapp. Auf dem Weg ans Deck hinterlässt Schluribur eine Spur aus braunen Flecken. „Schöner Morgen", krächzt der Papagei. „Heute kommt der Kater wieder! Hoffentlich vor dem Regen!" „Regen?", fragt Kaotikus. „Mach doch die Augen auf! Morgenrot Schlechtwetterbot'! Heute Abend regnet es bestimmt." Kaotikus reißt die Augen auf und stöhnt. „Und wo soll ich dann schlafen?" „In der Kapitänskajüte", schlägt der Papagei vor und grinst. Er weiß genau, warum Kaotikus und Schluribur seit Tagen auf dem Deck schlafen. Ihre Kajüten sind völlig zugemüllt. Überall liegen Klamotten, leere Flaschen, Seekarten und Beutestücke herum. Für eine Hängematte ist kein Platz. Kaotikus stöhnt wieder.

„Ihr könntet ja endlich mal aufräumen", schlägt der Papagei vor. Das Chaos geht ihm auf die Nerven. Kaotikus stöhnt zum dritten Mal. „Wer Ordnung hält, ist nur zu faul zum Suchen! Alte Piratenweisheit!", sagt er. Schluribur nickt eifrig. Der Papagei zuckt mit den Flügeln und fliegt zurück in den Mastkorb. Dort ist müllfreie Zone und er sieht sofort, wann der Kater zurückkommt. „Wenn's wirklich regnet", Schluribur sieht sich um, „dann wär's verdammt schade um die wertvollen Teppiche." Kaotikus nickt. „Wir müssen Platz schaffen", sagt er. „Alles, was wir nicht mehr brauchen, kommt weg." Er nimmt die leere Rumflasche und wirft sie über Bord.

Die alten Stiefel mit
dem Loch in der Sohle folgen.
„Hat hier jemand Aua gerufen?“,
fragt Schluribur.
Kaotikus hat nichts gehört.

Ist ja auch niemand da weit und breit,
außer ein paar Fischen im Meer. Und
die sind stumm.
So schlimm ist das mit dem Aufräumen
eigentlich gar nicht, denkt Kaotikus.

Als Nächstes wirft er den alten Kochtopf über Bord.
„Nein! Halt! Stopp! Nicht!", ruft der Papagei entsetzt und fliegt hinunter zum Wasser.
Dort schaukelt ein kleines Boot neben dem Piratenschiff. Der Kochtopf liegt darin und – der Schiffskater mit einer großen Beule am Kopf.
„SOS – rettet den Kater!", kreischt der Papagei.
Erschrocken helfen Kaotikus und Schluribur, den Kater auf das Schiff zu bringen.
Der Kater stöhnt und schlägt das linke Auge auf. Direkt vor ihm liegen eine kaputte Gießkanne, ein Haufen Klamotten und alte Stiefel. „Oh nein", miaut er leise, macht sein Auge schnell wieder zu und stellt sich ohnmächtig.
„Er ist bewusstlos", krächzt der Papagei. „Wir brauchen die Beulentropfen!"
Sofort rennt Kaotikus los, um die Tropfen zu suchen. Irgendwo in seiner Kajüte müssen sie sein. Vielleicht im Schrank? Oder in der Kiste? Kaotikus kramt und räumt. Schließlich findet er sie in einem blauen Eimer.

Der Papagei flößt dem Kater die Beulentropfen ein. „Jetzt die Heilsalbe."
Die Heilsalbe muss irgendwo in der Kombüse sein. Dort hat sich Schluribur letzte Woche die Hand verbrannt. Vielleicht im Geschirrberg? Schluribur sucht in jeder Tasse und auf jedem Teller und spült dabei das ganze Geschirr. Tatsächlich, ganz unten, unter der Kaffeetasse des Kapitäns liegt die Salbe.
„Und einen Verband!", befiehlt der Papagei.
Wieder rennt Kaotikus los. Es dauert lange, bis er mit einem Verband zurückkommt. Schluribur hat inzwischen die Teppiche weggeräumt, den Kleiderhaufen verstaut, die Gießkanne in den Müll gesteckt und Tee gekocht.
Endlich schlägt der Kater die Augen auf. „Was ist passiert? Wo bin ich?", murmelt er und tut ganz erstaunt.
Dann sieht er sich um und lächelt. „Schön, wieder zu Hause zu sein", sagt er. „Und wie ordentlich alles ist! Haben die Chaospiraten extra für mich aufgeräumt?"
„So ungefähr!"
Der Papagei kichert.
„So ungefähr!"

Gitta Edelmann

Chaos oder was?

Aufräumen ist doof

● Aufräumen ist doof, finden die Chaospiraten. Aber auf dem Schiff ist kein Platz mehr, also schmeißen sie das Zeug, das sie nicht mehr brauchen, einfach über Bord.

Keine gute Idee: Denn der Kater kriegt den alten Kochtopf auf den Kopf. Damit die Chaospiraten seine Beule einsalben und verbinden können, müssen sie dann doch noch richtig aufräumen …

• Wie räumt ihr zu Hause auf? Werft ihr alles, was ihr nicht mehr braucht, aus dem Fenster oder schiebt ihr es unter den Teppich oder stopft es ins Klavier?

● Rechts siehst du Tims Zimmer. Die Unordnung stört Tim nicht. Aber wo ist bloß seine zweite rote Socke, der Geigenbogen, der linke Turnschuh, der Tischtennisball, seine Brille, der zweite Knieschoner fürs Skaten, der rote Deckel für die Trinkflasche, der grüne Buntstift und der Schild für sein Ritterkostüm?

Chaos oder was?

Das Kistenspiel

Fritzi ist eigentlich sehr ordentlich. Aber mit ihren Eltern hat sie Pech, findet Fritzi. Die mögen einfach nicht aufräumen. Alles liegt rum. Heute sieht es in der Wohnung besonders schlimm aus. Dabei hat Fritzi Mama und Papa extra Bescheid gesagt, dass sie ihre Freunde Hanne und Lukas zum Spielen eingeladen hat. Fritzi ist stinksauer und schimpft mit den Eltern: „Ihr seid mir so peinlich!“

Sie rennt in ihr Zimmer und knallt die Tür zu. Kurz darauf hört sie Mama und Papa im Flur rascheln. Fritzi spickt durchs Schlüsselloch und sieht, wie die beiden Kisten aufbauen.
Vorsichtig öffnet sie die Tür. „Was macht ihr da?“, fragt sie.
„Wir räumen erst mal alles in Kisten, damit ihr Platz zum Spielen habt“, sagt Papa und wirft einen Berg Krimskrams in die eine Kiste.
„Ich hab eine Idee!“, ruft Fritzi.
„Die rote Kiste ist die Wegwerfkiste. Da kommt alles rein, was kaputt ist. Die blaue Kiste ist die Verschenkekiste. Da kommt alles rein, was andere vielleicht noch gebrauchen können.
Die grüne Kiste ist die Behaltekiste. Da stecken wir alles rein, was wir noch brauchen und behalten wollen.“

Gerade als sie fertig sind, klingelt es an der Tür. Hanne und Lukas staunen über die vollen Kisten.

Als Fritzi ihnen die Verschenkekiste zeigt, ruft Hanne: „Damit können wir doch einen Flohmarkt vor dem Haus machen.“

● Wenn bei euch zu Hause auch jemand nicht gern aufräumt, dann probiert doch mal das Kistenspiel aus.

Blutsbrüder

Linus und Paul spielen im Wohnzimmer Fangen. Fast erwischt Linus seinen großen Bruder, da klingelt es.
„Spielstopp! Lukas ist da!", ruft Paul und rennt zur Tür, um seinem Freund zu öffnen.
„Spielen wir heute mit deinem neuen Wissensquiz?", fragt Lukas schon beim Hereinkommen.
„Super Idee", antwortet Paul und läuft mit Lukas in sein Zimmer.
Linus folgt den beiden. Doch als er auch in das Zimmer seines Bruders möchte, versperrt der ihm den Weg.
„Halt!", sagt er. „Hier haben nur Schulkinder Eintritt."
„Wieso?", fragt Linus.
„Du kannst ja noch gar nicht lesen", sagt Paul. „Also kannst du auch nicht mitspielen." Dann schlägt er Linus die Tür vor der Nase zu.
Linus könnte heulen vor Wut. Aber den Gefallen tut er seinem Bruder nicht. Stattdessen stampft er in sein Zimmer und dreht die CD mit den Kinderliedern, die Paul so hasst, ganz laut auf. „Nur weil ich noch in den Kindergarten gehe, darf ich nicht

mitmachen. Das ist total fies und ungerecht", denkt er.
Aus Protest wird er sein Zimmer bis zum Ende seines Lebens nicht mehr verlassen, beschließt Linus. Das wird Paul sicher noch leid tun.
Doch dann hat er eine viel bessere Idee. „Ich pfeif auf die doofen Schulkinder und such mir andere Freunde zum Spielen. Mit denen mach ich etwas viel Spannenderes als ein ödes, blödes Ratequiz."
Linus weiß auch schon, was. Er geht zur Verkleidungskiste und kramt das Fransenhemd, die Indianerhose und den Federkopfschmuck heraus.
In Windeseile hat sich Linus in einen Apachenhäuptling verwandelt.
So läuft er zu Lena und Kevin, die auf dem Bürgersteig Seifenblasen in den Himmel pusten. „Habt ihr Lust, mit mir auf den Kriegspfad zu gehen?", fragt er. „Wir überfallen Bleichgesichter und erobern ihre Schätze."
„Klar sind wir dabei!", rufen Lena und Kevin und folgen Linus mit wildem Indianergeheul in den Garten.
Die drei sind so laut, dass Paul und Lukas neugierig aus dem Fenster schauen. Aber Linus beachtet sie nicht. Er muss das Tipi aus dem Keller holen.

Als er wieder in den Garten kommt, steht Lukas plötzlich vor ihm.
„Darf ich auch mitmachen?", fragt er.
Linus überlegt kurz. Er blickt zum Fenster im ersten Stock und sieht, dass sein Bruder hinter der offenen Scheibe steht. Da grinst Linus und sagt: „Klar."
Soll Paul sein Schlaumeier-Quiz doch alleine spielen. Dann weiß dieser Fiesling mal, wie das ist.
Gerade als die Indianer das Tipi aufgebaut haben, taucht auch Paul auf.
In der einen Hand hält er Pfeile, in der anderen einen Bogen.
„Braucht ihr noch Verstärkung auf dem Kriegspfad?", fragt er.
„Nein", sagt Linus. „Mit Blödköppen, die schon lesen können, spiel ich nicht."
Er dreht sich um und verschwindet im Tipi. Durch einen Spalt beobachtet er, wie sein Bruder mit gesenktem Kopf zurück ins Haus geht.

Kurz darauf öffnet sich das Fenster im ersten Stock. Ein Besen, an dem ein weißer Kopfkissenbezug hängt, kommt zum Vorschein.

„Das Bleichgesicht schwenkt die Friedensfahne!“, ruft Kevin.
Linus denkt einen Moment nach. Dann kommt er aus dem Tipi und ruft: „Okay. Lass uns verhandeln!“
Der Besen verschwindet und schon steht Paul vor dem Tipi. „Lass uns das Kriegsbeil begraben“, sagt er und hält seinem Bruder eine Packung Schokoplätzchen hin. „Statt einer Pfeife habe ich Friedenskekse mitgebracht.“
Linus grinst. „Gut“, sagt er, „schließen wir Blutsbrüderschaft. Aber wenn du noch mal so doof bist, kommst du an den Marterpfahl!“
„Einverstanden, Häuptling“, sagt Paul und lacht erleichtert.
Dann schleichen sie auf leisen Sohlen zur Scheune – auf der Suche nach Bleichgesichtern und ihren Schätzen.

Sabine Stehr

Friedenszeichen

Paul hat sich etwas Lustiges ausgedacht, um sich wieder mit seinem Bruder zu vertragen. Er hängt ein weißes Bettlaken an einem Besen als Friedenszeichen aus dem Fenster.

- Eine weiße Fahne nehmen Menschen schon seit Jahrhunderten, um ohne Worte anzuzeigen, dass sie in friedlicher Absicht kommen und keinen Streit mehr wollen.

Es gibt noch andere Zeichen, die Frieden ausdrücken, zum Beispiel die Friedenspfeife bei den Indianern, die Friedenstaube, ein Regenbogen oder auch das Zeichen links, das in der ganzen Welt bekannt ist.

Du kannst dir auch ein Friedenszeichen ausdenken. Nimm bunte Stifte und male ein Zeichen auf einen Karton. Dann schneidest du es aus, machst ein Loch und ziehst einen Wollfaden durch.

- Dein Friedenszeichen kannst du dir nun umhängen oder es an der Tür befestigen, wenn du dich gezankt hast und dich wieder vertragen willst.

Echt fair?

Ende gut – alles gut

● Paul verhält sich seinem kleinen Bruder gegenüber nicht fair. Linus darf nicht mitspielen, weil er noch nicht lesen kann. Und dann knallt ihm Paul noch die Tür vor der Nase zu.

• Die Geschichte könnte auch ganz anders weitergehen. Schau dir die Bildchen an. Welche Möglichkeit gefällt dir am besten – und welche überhaupt nicht?

• Wenn du dir zwei Möglichkeiten ausgesucht hast, kannst du die Geschichten zu Ende erzählen. Vielleicht muss ein Freund den Streit schlichten. Oder Lukas hat eine tolle Idee, damit sich keiner ausgeschlossen fühlt.

Der Pinkelkönig

Riese Rumpel ist König im Reich Piselanien. An seinem Hofe sieht es aus wie Kraut und Rüben. Überall ist es schmutzig und klebrig, und an manchen Stellen im Garten stinkt es verdächtig. Riese Rimpel ist König im Reich Seifenstein. Obwohl beide Länder nebeneinanderliegen, ist in Seifenstein alles anders. Dort duftet es nach Badeöl, Kräutern, Rosenwasser und Parfüm.

„Dieses Seifenstein muss ich mir mal anschauen!“, sagt König Rumpel und ruft König Rimpel an: „He, Alter! Wird Zeit, dass wir uns kennenlernen! Komme morgen mit Mann und Maus. Was dagegen?“

Am nächsten Morgen machen sie sich auf den Weg: König Rumpel, Königin Rumpeline, die zwei Riesenprinzen Hans und Fritz, die Riesenprinzessinnen Berta und Edelgard und zwei Schlosshunde.

König Rimpel ist entsetzt, als die ganze Sippschaft in seinem Schloss eintrifft. Aber er weiß, was sich gehört, und bittet sie alle höflich herein.

„Wir müssen aufs Klo“, sagen die Riesenkinder zur Begrüßung, und Prinzessin Berta pupst so gewaltig, dass sich König Rimpel die Nase zuhält.

„Is’ was, Kollege?“, ruft König Rumpel. „Wohl ein bisschen pingelig, wie?“, fragt Königin Rumpeline.

Die Riesenkinder haben schon das königliche Bad entdeckt. „Das ist ja viel vornehmer als unseres!“, staunen sie. Riesenprinz Hans stellt sich vors Klo und pinkelt in hohem Bogen hinein. Die ganze Klobrille wird nass.

Dann kommt Riesenprinzessin Berta dran. „He, du hast ja alles vollgepinkelt!“, ruft sie und nimmt das Klopapier, um die Brille abzuwischen. Sie wickelt und wickelt, bis ihr der ganze Papierhaufen und die Rolle aus der Hand fallen.
Die Klorolle kullert durchs Badezimmer, durch die langen Schlossflure und die Treppe hinunter in den Speisesaal …
Die kleine Riesenprinzessin Edelgard hat inzwischen eine goldene Zahnbürste entdeckt. „Wie schön“, jubelt sie und steckt sie sich in den Mund. „Jetzt krieg ich bestimmt goldene Zähne.“
„Hier, nimm Zahnpasta“, sagt Fritz und quetscht so viel aus der Tube, dass ein großer Klecks auf den Fliesen landet.
„Tolle Farbe!“, ruft Hans und malt mit der rosa Zahnpasta ein Clownsgesicht.
„Und mit dem Lippenstift da kannst du Nase und Mund malen“, sagt Edelgard.

Königin Rimpeline hat mittlerweile das Klopapier im Speisesaal erspäht und rennt hinauf ins Bad. Als sie die Sauerei sieht, ruft sie verzweifelt den König.
„Tu doch was, Mann!“
„Du hast gut reden!“, meint der König und seufzt. „Wir sind gastfreundliche Riesen und haben noch niemals Besucher aus dem Schloss geworfen.“

Indessen macht König Rumpel einen Spaziergang im Schlosspark. Und weil er viel getrunken hat, muss er dringend pinkeln. „Wozu extra aufs Klo gehen?“, denkt er. „Ich mach's wie zu Hause in Piselanien.“

Suchend schaut er sich um. Soll er die Rosen düngen? Ne, lieber den mickrigen Baum da vorne. Kaum hat er sich an die kleine Tanne gestellt, kommen seine beiden Schlosshunde, schnüffeln an ihm und heben auch ihr Bein.
„Hahaha! Hohoho!“, geht da plötzlich ein Gebrüll und Gelächter los.
Die Köche und Gärtner, die im Park Pause machen, haben alles beobachtet und halten sich die Bäuche vor Lachen. Und der Gärtnerlehrling ruft:
„Rumpel ist ein Pinkelkönig,
weiß nicht, wie man sich benimmt.
Anstand, Sitten kennt er wenig.
Lernt doch hier schon jedes Kind.“
Dunkelrot im Gesicht, packt König Rumpel seine Sachen und reist ohne Abschied mit Mann und Maus ab.
Die Riesenkinder wissen nicht, was los ist, und auf der Fahrt sagt er kein Wort. Aber als sie wieder zu Hause sind und die Riesenkinder im Bad ein Clownsgesicht auf die Fliesen malen, schreit König Rumpel: „Hört auf mit dem Geschmiere! Und im Garten wird auch nicht mehr gepinkelt, kapiert?“
Die Riesenkinder machen große Augen. Irgendwas muss in Seifenstein passiert sein. Aber was?

Christa Kempter

Wie in Piselanien?

Im Bad machen die Riesenkinder eine Riesensauerei. Die Gastgeber sind entsetzt. – Gibt es bei euch Ärger, wenn ihr euch im Bad oder auf dem Klo wie Rumpels benehmt?

Wie sieht es jetzt gerade in eurem Badezimmer aus? Stell Spielfiguren auf die Checkliste, wenn etwas nicht gemacht ist. Stehen mehr als fünf Figuren da?

Checkliste fürs Badezimmer

Ist die Zahnpastatube zu? 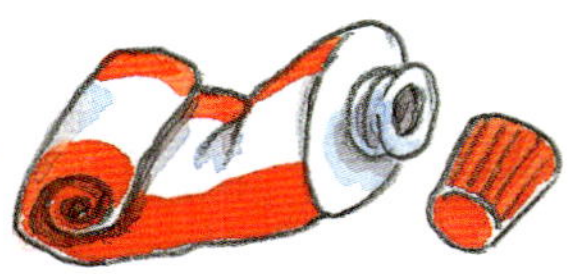	Hängt das Handtuch am Haken? 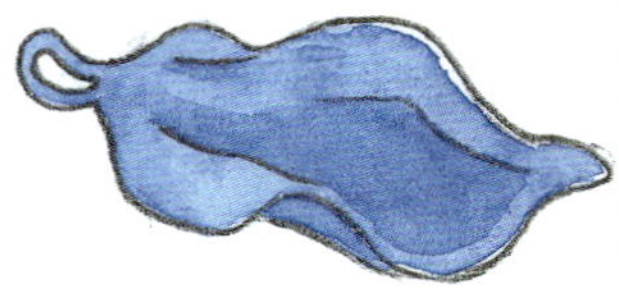
Ist die Zahnbürste ausgespült und steht sie im Zahnputzbecher? 	Ist das Klo abgezogen und der Klodeckel zu? 
Sind Zahnpasta und Seifenreste aus dem Waschbecken gewischt? 	Liegt kein Klopapier auf dem Boden? 
Ist der Wasserhahn zugedreht? 	Sind schmutzige Kleider im Wäschekorb? 

Was ist das?

● Wie hat sich König Rumpel wohl gefühlt, als der Gärtnerlehrling das Lied gesungen hat? Ihm war das ganz schön peinlich. So schnell wird er bei anderen Leuten wohl nicht mehr in den Park pinkeln.

● Schau dir die Bildchen an. Was findest du nicht gut und warum?

Wer war das?

Links siehst du Paula. Ihr Hund hat bei den Nachbarn vor den Zaun gemacht. Er kann nichts dafür, Paula hätte ihn zum Hundeklo führen müssen. Aber vielleicht hat sie ja eine Tüte dabei.

Manchen Tieren kannst du beibringen, wo sie hinmachen dürfen, anderen nicht.
Welches Klo gehört hier zu welchem Tier?

Ups!

Rumms, schlägt die Haustür zu. Cora, Lene, Tom und Filip springen die drei Stufen vor dem Haus mit einem Satz hinunter.
„Ups!", sagt Cora. Sie hat ein bisschen zu viel Schwung und wäre fast über einen Kinderwagen gefallen. Der Kinderwagen wackelt bedenklich und die Mutter des Babys stößt einen spitzen Schrei aus, aber da ist Cora mit ihren Freunden schon weitergelaufen. Besonders breit ist der Gehweg hier nicht, gerade breit genug für die vier. Sie haken sich unter und marschieren im Gleichschritt. Das ist lustig!

Der alte Herr Schmitt findet das weniger lustig. Er muss auf die Fahrbahn ausweichen, um an den Kindern vorbeizukommen.
„Habt ihr das Wort Rücksicht schon mal gehört?", schimpft er und schwingt den Stock. „Diese Kinder heutzutage!"
Cora, Lene, Tom und Filip lachen und marschieren weiter Richtung Park.

Die Bank unter der großen Buche ist frei. „Wer ist zuerst dort?“, ruft Cora und rennt los. Mit einem Satz springt sie über ein Blumenbeet. Die anderen hinterher. Prustend lassen sich die Freunde auf die Parkbank fallen.
„Ich kann auf den Händen laufen“, sagt Cora und springt schon wieder auf. „Ihr auch?“
„Keine Lust“, sagt Filip.
„Zeig!“, sagt Lene.
Cora macht einen Handstand und – tatsächlich – läuft vier Schritte auf den Händen.
„Cool“, sagt Tom, „jetzt ich!“
Eins, zwei, dann sind Toms Füße wieder auf dem Rasen.
Bei Lene will es gar nicht klappen. Immer wenn sie versucht, im Handstand eine Hand zu bewegen, fällt sie um.
„Aua!“, schreit sie plötzlich und hält sich den rechten Fuß.
„Ups!“, sagt Cora. „Der ist bestimmt verstaucht. Den muss man kühlen.“

Auf dem Rückweg stützen Tom und Filip ihre Freundin, die nur auf einem Bein hüpfen kann. Und selbst das tut weh. Auf halbem Weg kommen ihnen drei Männer in Anzügen entgegen. Sie tragen Aktenkoffer und sehen aus, als ob sie für eine Bank oder eine Versicherung arbeiten. Sie gehen nebeneinander und unterhalten sich angeregt. Die Kinder bleiben stehen. Die drei Männer versperren den ganzen Gehweg. Auf die Fahrbahn können Tom und Filipp mit der verletzten Lene nicht ausweichen – da fahren zu viele Autos.
„Haben Sie schon mal das Wort Rücksicht gehört?“, ruft Cora den Männern entgegen. „Sehen Sie nicht, dass meine Freundin verletzt ist?“
Die Männer schauen verblüfft, zwei von ihnen gehen zur Seite, um die Kinder durchzulassen. Der dritte murmelt etwas, was ein bisschen wie Entschuldigung klingt.
Cora schüttelt den Kopf. „Diese Erwachsenen heutzutage!“, sagt sie laut.
Lene grinst, obwohl der Fuß wirklich sehr wehtut. Gut, wenn man hilfsbereite und rücksichtsvolle Freunde hat!

Gitta Edelmann

Pass doch auf!

Hilfe?

● Zuerst waren Cora und ihre Freunde ganz schön rücksichtslos und haben Herrn Schmitt einfach auf die Fahrbahn gedrängt. Als Lene sich verletzt hat, merken sie selber, wie wichtig es ist, hinzuschauen und achtsam zu sein.

• Was könnte man tun, um den Leuten hier zu helfen?

33
BAHNHOF

U
U
MARKT

Ganz vorsichtig!

Es ist nicht einfach, auf jemanden aufzupassen, der Hilfe braucht.
Ihr könnt es zu zweit ausprobieren – so wie Anna und Jakob:

- Jakob setzt sich auf den Boden und verbindet sich die Augen.
- Anna hilft ihm aufzustehen und führt Jakob ganz vorsichtig um den Tisch herum.
- Sie lässt ihn immer wieder Dinge erfühlen, damit er weiß, wo er ist: die kühle Fensterscheibe, die Bettdecke, das Puppenhaus, das Bücherregal und schließlich die Türklinke.
- Anna achtet darauf, dass Jakob nirgends anstößt und sicher im Wohnzimmer ankommt.
- Beide ruhen sich aus.

Dann tauschen sie die Rollen.
Jetzt darf Jakob Anna führen.
Das klappt schon richtig gut.

- Nun wird es schwieriger: Anna verteilt vier Stofftiere auf dem Fußboden. Sie sagt Jakob ganz genau, wie er gehen soll – um die Stofftiere herum und ohne draufzutreten: einen kleinen Schritt vorwärts, einen großen Schritt nach rechts, ein kleines Stück rückwärts... Dabei liegt ihre Hand leicht auf Jakobs Schulter.

Danach kommt Anna dran.

Wenn man nicht aufpasst, können Sachen kaputtgehen – wie bei Franz: Er ist ein echter Tolpatsch, guckt nicht rechts und nicht links und stößt überall an.

Auch im Supermarkt ist Franz nicht achtsam.
Siehst du, was er dort unterwegs angerichtet hat?

Donnerklotz, der Störenfried

Wenn Räuberopa Säbelzahn am Lagerfeuer Geschichten erzählt, werden fast alle Räuber zahm und lauschen seinen Heldentaten.
„Was wollt ihr heute hören, Jungs?“, krächzt er.
„Wie du die vierzehn Hühner geraubt hast. Und die Karotten aus dem Garten des Bürgermeisters geklaut hast“, sagt Krummbüx.
„Oder wie du dem Polizisten Habermus entwischt bist“, sagt Knallfrosch.
Opa Säbelzahn kaut an der Wildschweinkeule herum. Dann beginnt er zu erzählen.
Alle sind mucksmäuschenstill – nur Räuber Donnerklotz, der größte Störenfried weit und breit, redet mal wieder dauernd dazwischen.
„Ewig die ollen Kamellen!“, mault er.
Bei der Hühnerraub-Geschichte schreit er: „Ist doch läppisch! Ich kenn einen, der achtzehn Hühner geklaut hat.“
„Halt die Klappe!“, zischt Krummbüx.

Als der Räuberopa vom Karottenklau erzählt, wiehert Donnerklotz vor Lachen. „Hoho! Ist ja wohl kein Kunststück. Ja, wenn du ’ne Postkutsche überfallen hättest!“
Krummbüx tritt ihm kräftig ins Hinterteil und droht: „Noch ein Wort und du fliegst in hohem Bogen ins Gebüsch!“

Opa Säbelzahn erzählt weiter. Donnerklotz blättert in der Räuberzeitung. „Mensch, ist ja nicht zu fassen!“, ruft er. „Die dicke Wildsau vom Förster hat Frischlinge bekommen. Los, die klauen wir heute Nacht. Dann gibt’s morgen Wildschweinbraten.“

„Ruheeee!“, brüllt Räuberopa Säbelzahn.

„Ich seh schon, ihr schlappen Dösköppe seid viel zu feige. Ich zieh die Sache allein durch!“, sagt Donnerklotz wütend und verschwindet. Puh, endlich ist Ruhe! Opa Säbelzahn erzählt eine Geschichte nach der anderen, die ganze Nacht lang.

Am nächsten Abend sitzen sie wieder am Lagerfeuer. Gerade als Räuberopa Säbelzahn mit der Geschichte vom Polizisten Habermus beginnt, biegt Donnerklotz um die Ecke.
„He, ihr trüben Flaschen! Jetzt will *ich* mal was erzählen! Da bleibt euch das Maul offen stehen!"
Die Räuber stoßen sich an und flüstern sich zu: „Jetzt quasseln wir dazwischen. Abgemacht?"
Donnerklotz stellt sich breitbeinig hin und stemmt die Hände in die Seiten.

„Haltet endlich die Klappe, ihr Blödköpfe!", schreit Donnerklotz. „Also, kaum hab ich die Wildsau entdeckt, grapsche ich mir schon den ersten Frischling. Da packt mich plötzlich was von hinten am Bein …"
„Der Klapperstorch!", ruft jetzt Opa Säbelzahn und kichert.
„… ein Untier war's, mit messerscharfen Zähnen und mit blutroten Augen. Der Försterhund! Da gibt's nur eins: Ich lass alles stehen und liegen und renne um mein Leben."

„Also, wie ich mich so ans Försterhaus ranschleiche …"
„Du und schleichen!", ruft Knallfrosch. „Du trampelst doch wie ein Kamel!"
„Maul halten!", knurrt Donnerklotz. „Also, wie ich mich so ranschleiche, da hör ich schon die Wildsau grunzen."
„Hoho. Du kannst ja nicht mal 'ne Wildsau von 'ner Kuh unterscheiden!", ruft Krummbüx.
„Aber der Förster hat doch nur einen alten Dackel!", ruft Krummbüx.
Die Räuber wälzen sich im Gras vor Lachen.
„Ich hab die Schnauze voll!", brüllt Donnerklotz. „Alles wisst ihr besser und dauernd quasselt ihr dazwischen."
„Da kannst du mal sehen, wie das ist", sagt Opa Säbelzahn und prustet wieder los.

Knallrot vor Zorn stapft Donnerklotz in die Räuberhöhle und wirft sich auf sein Bärenfell.
„Saudoofe Störenfriede“, denkt er.

Aber Opa Säbelzahns Worte gehen ihm einfach nicht aus dem Kopf. Was meinte er bloß, als er sagte: „Da kannst du mal sehen, wie das ist.“?

Christa Kempter

Ganz schön nervig

Donnerklotz ist ein Störenfried. Den anderen fällt es schwer, Opa Säbelzahn zuzuhören, weil Donnerklotz immer dazwischenredet.

Wenn zwei gleichzeitig sprechen, versteht man kaum, was sie sagen wollen. Das könnt ihr in dem Viele-reden-Spiel ausprobieren – am besten zu viert, so wie es Nina und ihre Freunde machen:

- Felix geht aus dem Zimmer und wartet vor der geschlossenen Tür. Er ist der Zuhörer.
- Die anderen sind die Redner. Jeder überlegt sich, worüber er sprechen will: Clara über ihr Kaninchen, Robert über seine Kunststücke auf dem Skateboard und Nina über eine Fahrradtour.
- Dann kommt Felix wieder herein. Alle fangen gleichzeitig an zu reden. Felix muss heraushören, wovon jeder erzählt.
- Jetzt seid ihr dran: Ihr dürft laut sprechen, aber nicht schreien – und nur so lange, bis die Sanduhr oder die Eieruhr durchgelaufen ist.
- Wie ging es dem Zuhörer? Konnte er heraushören, worüber ihr geredet habt?
- Nun wechselt ihr die Rollen.

Kleine Störenfriede

Mama ist am ,
redet drei Minuten schon.
Viel zu lange, findet Klaus,
zieht ganz frech den  raus.
Halt die Klappe und sei still,
jetzt red ich, so lang ich will!

Tinchen kennt ganz tolle Witze.
„Gar nicht lustig“, findet Fritze,
holt die  vom ,
Tinchen weint – ist ihm egal.
Halt die Klappe und sei still,
jetzt red ich, so lang ich will!

Papa liest für Caroline
aus dem  „Die flotte “.
„Saudoof“, schreit der Till dazwischen,
lässt die Sprudel- zischen.
Halt die Klappe und sei still
Jetzt red ich, so lang ich will!

Die kleinen Störenfriede in diesem Gedicht sind ganz schön unhöflich.

Bist du auch manchmal ein Störenfried? Was hast du für Tricks?

Besuch aus Amerika

„Aber heute Abend esst ihr anständig“, sagt Mama und schaut Ole und Lisa streng an. „Mit Messer und Gabel. Und die Hände bleiben auf dem Tisch.“ Ole und Lisa zwinkern sich zu. Klar, wenn der Besuch aus Amerika da ist, werden sie das schon hinbekommen. Aber jetzt? Genüsslich nimmt Ole eine Nudel in die Hand. Mmh, Makkaroni! Damit kann man wunderbar Soße aufsaugen. Das findet Lisa auch. Schlürf!
Mama schüttelt den Kopf und seufzt.
„Ihr könnt gleich helfen, den Tisch zu decken“, sagt sie. Sie holt die Teller mit dem Goldrand aus dem Schrank und zwei Hände voll Messer und Gabeln.
„So viele?“, fragt Lisa. „Wir sind doch nur fünf.“
„Ich bereite ein Menü mit vier Gängen vor und für jeden Gang gibt es eigenes Besteck.“
„Boah, echt?“ Ole staunt.
„Das ist vornehm!“, erklärt Lisa. „Hab ich im Fernsehen gesehen, in dem Film mit dem Prinzen. Ist der amerikanische Kollege von Papa auch ein Prinz?“
Mama lacht. „Nein, aber wir können trotzdem alles ein bisschen schön machen und gutes Benehmen zeigen.

Tragt schon mal das Besteck ins Esszimmer, ich such noch die Stoffservietten raus."
Auf dem Esstisch liegt eine weiße Decke. „Darauf könnte man gut Mikado spielen", sagt Ole.
„Super Idee!" Lisa grinst, hält die Messer aufrecht in der Hand und lässt sie dann auf den Tisch fallen. Ole lacht und wirft Gabeln und Löffel dazu.
Mhm. Nicht einfach, eine Gabel zu erwischen, ohne dass ein Löffel wackelt.

„Schluss, Kinder!", ruft Mama. Sie stellt die Teller mit den Servietten ab. „Wischt das Besteck wieder sauber. Und dann deckt ihr den Tisch. Und zwar so", sagt sie und richtet schnell einen Teller, links davon zwei Gabeln, rechts davon zwei Messer und einen großen Löffel. Und oberhalb noch einen kleinen Löffel.
Während Mama ein Tablett voller Gläser holt, decken Lisa und Ole den Tisch.
„Nachher nehmt ihr zuerst das Besteck ganz außen, dann das nächste …", erklärt Mama. „Ach, ihr schaut einfach, wie wir Erwachsenen das machen."
Lisa und Ole nicken.
Mama stellt an jeden Platz Gläser und faltet die weißen Stoffservietten. Dann geht sie zurück in die Küche. Hübsch sehen die Servietten aus.

Wie die Haube eines Burgfräuleins. Darum muss Lisa sie gleich anprobieren. Ole grinst und setzt sich auch eine Serviettenhaube auf.
Lisa kichert. Dabei fällt ihr die Serviette vom Kopf und rutscht auseinander. Mist. So schön wie Mama bekommt sie die nicht wieder hin. „Die müssen aber alle gleich sein“, sagt sie und zupft die anderen Servietten auseinander. Fertig.

Der Amerikaner heißt Mister Winter. Er trägt einen dunklen Anzug und eine hellblaue Krawatte, das sieht ziemlich vornehm aus, findet Lisa.
Als Vorspeise gibt es Suppe. Also: Suppenlöffel in die rechte Hand und löffeln, ohne zu schlürfen. Dann gibt es leckere Putenbrust mit Pilzen. Ole atmet tief durch. Es ist schwierig, mit Messer und Gabel zu essen. Manchmal rutscht ihm das Messer beim Schneiden weg. Er schaut zu Mister Winter.
Ui! Wie isst denn der?
Der amerikanische Gast schneidet seine Putenbrust in kleine Stücke. Dann nimmt er die Gabel in die rechte Hand und spießt ein Stück auf. Die linke Hand legt er auf den Schenkel unter den Tisch.
Hat der Mann denn keine Manieren? Ole bleibt der Mund offen stehen.
„Oh, sorry“, sagt Mister Winter. „Ich habe vergessen, dass es in Europa andere Tischmanieren gibt als in Amerika.“
„Nein, nein, das ist okay“, sagt Papa.

Ole und Lisa zwinkern sich zu. Dann schneiden sie ihr Fleisch klein, nehmen die Gabel in die rechte Hand und die linke verschwindet unter dem Tisch. „Wenn ich groß bin, werde ich auch Amerikaner", sagt Ole laut. „Die haben so praktische Tischmanieren."

„Können wir heute nicht alle amerikanisch essen", fragt Lisa.
Papa findet die Idee großartig und legt sofort sein Messer aus der Hand. Mama sieht nicht gerade begeistert aus, bis Mister Winter sagt: „Diesen Teller essen wir amerikanisch. Den nächsten europäisch. Schließlich muss ich noch üben."

Gitta Edelmann

Guten Appetit!

Seltsame Sitten?

Zungenbrecher
Heute pupst der Popel.
„Alter Pupser“, pöbelt Rülps.
„Blöder Rülpser“, piepst der Popel.
„Ruhe, Rülps,
und Ruhe, Popel“,
poltert da der Pups.

● Lisa und Ole wundern sich über den amerikanischen Gast. Legt der doch beim Essen die Hand unter den Tisch! Aber das macht man so in Amerika.
• Es gibt viele verschiedene Tischsitten auf der Welt. In China isst man mit Stäbchen, man darf schmatzen und mit vollem Mund reden, in Indien mit den Fingern essen und in Japan die Suppe laut aus der Schale schlürfen.

● Potto und Pottilie kommen aus einem fernen Land. Sie laden ihren neuen Nachbarn Rüpel, das kleine Wuschelmonster, zum Essen ein. Unter dem Tisch haben sie festlich gedeckt. Jeder setzt sich eine Serviette auf den Kopf. Potto schenkt grünen Saft in die Suppenteller ein und sie prosten sich damit zu. In den Gläsern stecken Brotstangen, die lassen sich bequem abbeißen. Hinter jedem Platz liegt Silberbesteck auf einem Haufen. Ohne sich umzudrehen, erfühlt man zu jedem Gang das passende Besteck. Nach dem Essen reden alle mit vollem Mund und popeln in der Nase.

• Am nächsten Tag lädt Rüpel Potto und Pottilie ein. Wie könnte die Festtafel des Wuschelmonsters aussehen? Woraus wird getrunken und gegessen, wo liegt das Besteck, gibt es Servietten? Male ein Bild.

Das kleine Wuschelmonster Rüpel

Rüpel ist ein Wuschelmonster,
hat ’nen kugelrunden Bauch,
isst am liebsten Zwiebeltorte,
für die Gäste gibt es Lauch.

Alles aus der Pfanne futtern,
Rüpel schlingt und schmatzt ganz laut,
und beim Sprechen fliegen Krümel,
Stuhl und Tisch sind vollgesaut.

Nach dem Essen wird gerülpst,
die Pfanne in den Müll gekickt.
Rüpel ist jetzt satt und müde –
schnell die Gäste weggeschickt.

Zum Schluss ein Test

Kinderleichtes Benimm-Quiz

● Deine Schwester guckt ihre Lieblingsserie im Fernsehen an. Du willst die Wikinger anschauen. Wie geht es weiter?

- Du machst so viel Lärm, dass deine Schwester nichts mehr versteht.
- Du schlägst ihr vor, mit dir zu spielen.
- Du lässt sie heute schauen, darfst aber morgen entscheiden, was geguckt wird. Oder umgekehrt.
- Du machst den Fernseher aus und versteckst die Fernbedienung.

● In deinem Zimmer herrscht totale Unordnung, da bleibt kein Platz zum Spielen. Was tust du?

- Einfach so lassen. Bald wird es Mama zu viel – dann räumt sie auf.
- Erst mal ausmisten! Was kann in den Müll, was in den Keller und was ins Regal?
- Was im Weg liegt, schmeißt du ins Zimmer deines Bruders.

● Du sitzt mit deiner Familie beim Essen und möchtest eine lustige Geschichte erzählen. Aber Papa redet immer dazwischen. Was machst du?

- Du holst Pflaster und klebst ihm den Mund zu.
- Du redest einfach weiter und deine Stimme wird immer lauter.
- Du bittest ihn höflich, still zu sein, während du redest. Dann hörst du später auch seinen Geschichten zu.

● Das Essen hat dir gut geschmeckt. Gleich kommt ein Rülpser. Und jetzt?

- Mund weit aufsperren, laut rülpsen, schließlich war es lecker.
- Mund zupressen, Luft anhalten und rausrennen.
- Hand vor den Mund und den Rülpser dann leise rauslassen.

● Dir fällt die Klorolle runter, sie kullert durchs ganze Bad. Was tust du?

- Liegen lassen.
- Alles ins Klo stopfen und runterspülen.
- Dich damit als Mumie verkleiden.
- Papier aufrollen und wieder an den Halter hängen.

● Du bist in einer Drehtür im Kaufhaus. Ein Mädchen möchte auch durchgehen. Wie verhältst du dich?

- Du spielst Karussell und wirst immer schneller. Sie muss warten.
- Du machst langsam und nimmst sie mit in dein Abteil.
- Sie kann in das Abteil hinter dir und dann düst du los.

SPiELEN & LERNEN

In der „SPiELEN & LERNEN“-Förderreihe sind folgende Titel erschienen:

So bin ich – Einmalig, selbstbewusst und stark

ISBN 978-3-86613-244-3

Wohin läuft die Zeit? – Jahr und Monat, Tag und Stunde

ISBN 978-3-86613-245-0

Du und ich – Sich verstehen, sich vertragen

ISBN 978-3-89858-246-9

Wie viel ist viel? Zählen, wiegen, messen

ISBN 978-3-86613-247-4

Fremde Länder, gute Freunde

ISBN 978-3-86613-273-3

Was mein Körper alles kann

ISBN 978-3-89858-272-8

Wer ist wie? – So sind Mädchen – so sind Jungen

ISBN 978-3-89858-284-1

Mächtig mutig! Das Angst-weg-Buch

ISBN 978-3-86613-285-6

Mir gehts gut! Mein Gesund-und-munter-Buch

ISBN 978-3-86613-298-6

Hast du Worte? – Spielend leicht sprechen und erzählen

ISBN 978-3-86613-299-3

Ist pupsen peinlich? Das kinderleichte Benimm-Buch

ISBN 978-3-86613-510-9

Voll dabei! – Konzentration spielend leicht

ISBN 978-3-86613-511-6